D1832617

जीना यहाँ...

जीना यहाँ...

गुलज़ार

वाणी
प्रकाशन

प्रकाशन के उत्कृष्टतम 62 वर्ष

पेपरबैक पहला संस्करण : 2010
पेपरबैक दूसरा संस्करण : 2016
पेपरबैक तीसरा संस्करण : 2025

vaniprakashan.com

वाणी प्रकाशन
4695, 21-ए, दरियागंज, नयी दिल्ली-110 002
फ़ोन : + 91 11 23273167, 23275710
शाखाएँ
अशोक राजपथ, पटना-800 004, बिहार
कॉफ़ी हाउस कैम्पस, महात्मा गांधी मार्ग, प्रयागराज-211 001, उत्तर प्रदेश
महात्मा गांधी अन्तरराष्ट्रीय हिन्दी विश्वविद्यालय, वर्धा-442 001, महाराष्ट्र
sales@vaniprakashan.in
vaniprakashan@gmail.com

Jeena Yahan...
by Gulzar

ISBN : 978-93-5000-459-3
Collection of Stories

मूल्य : ₹ 75

सिटी प्रेस, दिल्ली-110 095 में मुद्रित

वाणी प्रकाशन का लोगो मक़बूल फ़िदा हुसैन की कूची से

जीना यहाँ...

अनुक्रम

जीना यहाँ...

''मेरे लिए किसी को रोने की क्या ज़रूरत है। मेरे दुख मेरे अपने हैं। मैं उन पर हँसूँ या रोऊँ!'' समीर की ख़ामोशी ही समीर की ख़ुदी थी। ग्यारह साल की आयु में जब समीर का दायाँ बाजू कटा। तब चीख़ी, तो माँ! चिल्लाया, तो बाप। लेकिन वह चुपचाप उन चेहरों को देखता रहा जो राजा साहब की इकलौती औलाद, समीर सिंह की मिज़ाज़पुर्सी को आते थे और रोते थे।

''मेरे लिए कोई नहीं रोया,'' बाईस साल की उम्र में बायें हाथ से उसने अपनी डायरी के सफ़े पर लिखा—''लोग रोते थे मेरी माँ के लिए। मेरे पिता की बदक़िस्मती के लिए कि उनकी इकलौती औलाद का एक बाज़ू कट गया है। भगवान ने एक ही लड़का दिया और उसका भी एक बाज़ू....!''

लेकिन समीर के किसी काम में फ़र्क़ नहीं आया। जिस दिन दायें बाज़ू की पट्टी खुली, उसके दूसरे दिन से उसने बायें से ऐसे काम शुरू कर दिये जैसे था ही नहीं। लोग उस लड़के के हौसले पर हैरान होते थे। कैसे सहे जाता है, जैसे कुछ हुआ ही नहीं।

''मेरे अंग मुझसे हैं। मैं अपने अंगों से नहीं। मैं हूँ, मैं ज़िन्दा

हूँ। क्या हुआ अगर मेरी टाँगें सूखती जा रही हैं? अभी तो मैं सीने से रेंग सकता हूँ।''

बाज़ू के ऑपरेशन के कुछ साल बाद समीर के साथ एक और हादसा हुआ था। उस वक़्त वह बीस बरस का था। हर रोज़ बाप के साथ घुड़सवारी को जाया करता था। बाप के साथ दौड़ लगाता था और एक दिन बाप को बचाते-बचाते घोड़े से ऐसे गिरा कि रीढ़ की हड्डी टूट गयी। फिर एक ऑपरेशन हुआ। पता नहीं किस धात की पट्टी लगाकर कमर बाँधी डॉक्टरों ने कि समीर सिंह चलने फिरने से भी गया।

फिर वही लोगों की भीड़-भाड़! वही मिज़ाज़पुर्सी! समीर सिंह फिर चुपचाप उन चेहरों को देखता रहा। ''ये लोग क्यूँ रोते हैं? मैं मरा तो नहीं! पैरों से चलना क्या ज़रूरी है? आदमी बग़ैर पैरों के भी तो सफ़र करता है।''

समीर बग़ैर पैरों के चलता रहा और अपना काम करता गया। पढ़ाई-लिखाई को मास्टर घर पर आने लगे और जब समीर का जी उन मास्टरों से ऊब गया तब उसने मास्टर बंद कर दिये। घर में लाइब्रेरी थी। लाइब्रेरी बढ़ने लगी। बायाँ बाज़ू अभी ज़िन्दा था। उसने डायरी लिखनी शुरू की। उसने किसी से कुछ नहीं कहा। सिर्फ़ अपने आप से बोलता रहा। अपने आपसे कहता रहा। वह अपनी ख़ामोशी में, अपने तमाम ज़ख़्मों के साथ ज़िन्दा था।

साल डेढ़ साल ही बीता होगा कि एक नये मर्ज़ ने टाँगों में रेंगना शुरू कर दिया। डॉक्टरों का आना जाना फिर से शुरू हो गया। कुछ कहते थे, रीढ़ का ऑपरेशन ठीक नहीं हुआ और कुछ कहते थे, नयी बीमारी है जिससे टाँगों तक ख़ून पहुँचने में रुकावट होती है। उन्हीं

दिनों समीर ने लिखा था डायरी में–

"तो क्या हुआ? अभी तो मैं सीने से रेंग सकता हूँ। अपनी आवाज़ पर पल सकता हूँ अपनी ख़ामोशी के साथ बरसों लम्बा सफ़र तय कर सकता हूँ।"

लेकिन उसके बाद राजा साहब की हालत बहुत ख़राब हो गयी। दिन-रात समीर के ग़म में बौराये से रहने लगे। कोई वैद्य, कोई डॉक्टर नहीं छूटा, कोई पीर, कोई फ़क़ीर नहीं बचा। माँ दोनों की हालत सँभालते-सँभालते चल बसी। राजा साहब पागलों की तरह समीर के चारों तरफ़ घूमने लगे। उसके लिए दोस्त ढूँढ़ते, साथ ढूँढ़ते लेकिन समीर तो सिर्फ़ अपने आप में ज़िन्दा था, अपनी एक चुप में। अपनी एक ख़ुदी में। "मेरे अंग मुझसे हैं। मैं अपने अंगों से नहीं, मैं अभी ज़िन्दा हूँ।"

अचानक एक दिन राजा साहब ने ढिंढोरा पीट दिया कि वह समीर की शादी करना चाहते हैं। लड़की जात पाँत से कुछ भी हो, कैसी भी हो, लेकिन वह हो जो समीर की हमदर्द हो सके। ज़िन्दगी भर उसका साथ दे सके।

समीर ने समझाया, मना किया लेकिन बाप की हालत देख कर चुप हो जाता। जानता था, उसके पिता का ग़म, उसके ज़ख़्मों से बहुत बड़ा है।

लड़कियाँ बहुत आयीं लेकिन रिश्ता कोई नहीं आया। समीर ने लिखा–

"लोग आते हैं राजा साहब के लिए, राजा साहब की हवेली के लिए, राजा साहब की दौलत के लिए। मेरे लिए तो लोग सिर्फ़ रोने का बहाना होते हैं।"

मायूस होते-होते राजा साहब को रिश्ता मिल गया। लड़की जात की अच्छी थी। चाल की भली। राजा साहब देखते ही जान गये कि वह दौलत देख कर नहीं बल्कि दुख देख कर, दुख समझ कर ही शादी कर रही है।

शादी की तैयारियाँ होने लगीं। राजा साहब ने राज पाट सभी कुछ निछावर कर दिया। कोई कसर नहीं छोड़ी। लोग भी ताज्जुब करने लगे बाप की इस कुर्बानी पर। कहने लग–"बाप नहीं, वह माँ है।" माँ के सारे अरमान चुका दिये राजा साहब ने। बहू के लिए उतना ही किया जो अपने बेटे के लिए किया।

मण्डप सजे, बैण्ड बजे, आतिशबाज़ी से चाँद को आग लग गयी। दिन होते-होते दुल्हन की माँग राख से भर गयी।

समीर ने ख़ुदकुशी कर ली थी। डायरी में लिखा था–

"लोग मुझ पर रोते ही रहते तो अच्छा था। उनके तरस खाने से मेरी ख़ुदी जी उठती थी, लेकिन अब क्या करूँ? लोग मुझ पर हँसने लगे हैं।"

साँझ

लालाजी को ये बात खल गयी कि बुढ़िया (लालाइन) ने बाल कटवा दिये और उनसे पूछा भी नहीं।

पिछले महीने उनकी बहू मायके गयी थी तो अपनी सास को साथ ले गयी थी दिल्ली, कि ट्रेन में गोद के बच्चे को सँभालने में आसानी रहेगी। लालाजी से ख़ुद माया देवी ने पूछा था—"बहू कह रही है दिल्ली चलने के लिए। जाऊँ?"

"हाँ हाँ ज़रूर जाओ। ट्रेन के धक्के में बेचारी बहू कैसे सँभालेगी बच्चे को?"

उनकी बहू, मिनी के पिता रिटायर्ड कर्नल हैं। मिनी के दो भाई भी मिलिटरी में बड़े ओहदों पर हैं। कर्नल साहब का पार्टी में आना जाना आज भी उसी तरह जारी है। ज़ाहिर है उनकी पत्नी उन्हीं के स्टाइल में रहती हैं। मॉडर्न हैं। स्टाइलिस्ट हैं। उन्होंने बाल कटवा रखे हैं, इस बार माया देवी के भी कटवा दिये।

दो हफ्ते बाद बम्बई वापस लौटीं तो लालाजी देख कर दंग रह गये। "ये बाल का क्या किया तुमने?"

"समधन ने कटवा दिये। अपनी तरह के बनवा दिये।"

ये कह कर माया हँसी ज़रूर लेकिन एक साया जो गुज़रा, उनके पति की आँख से, वो डर गयीं। अपने शौहर की नज़र वो पहचानती थीं। अड़तालीस बर्स का रियाज़ था। खिसियानी सी बोली : "फिर रख लूँगी, बढ़ जायेंगे।"

लालाजी चुपचाप अन्दर चले गये और बैठक में जाकर बैठ गये। रात खाने की मेज़ पर भी उनका मूड बुझा-बुझा ही रहा। मनोज ने पूछा। मिनी ने बस सर हिला दिया।

"कुछ नहीं।"

माया देवी ने जब पूछा—"तबियत तो ठीक है ना?" तो जवाब कुछ और ही दिया—

"तुम्हारे बाल तो बहुत अच्छे थे, ख़ूबसूरत थे कटवा क्यों दिये?"

कोई जवाब न मिला तो बोले—"और तुमने... मुझसे पूछा भी नहीं।"

मनोज हँसता हुआ कमरे में दाख़िल हुआ—"बाबूजी को अभी तक माँ के बालों की फ़िक्र लगी है। सत्तर बहत्तर के हो गये लेकिन मिज़ाज से इश्क़ नहीं गया अभी!" मिनी ने जो बड़ी की कंघी कर रही थी हँस कर पूछा—

"बाबूजी की क्या लव-मेरिज थी?"

"नहीं माँ की शादी तो मेरे सामने हुई। उनके माँ-बाप ने करवाई थी।"

"मतलब..."

"दोनों ने घर से भाग के कोर्ट मेरिज कर ली थी। चार-पाँच साल के बाद मैं पैदा हुआ। मेरी पैदाइश के बाद दोनों के माँ-बाप ने माफ़ कर दिया और सुलह हो गयी... माँ मुझे लेकर पैरेंट्स (वालदेन)

को मिलने गयीं तो उन्होंने बाबूजी को घर से निकाल दिया। ये कह कर बच्चू जाओ अब बारात ले कर आओ तब लड़की देंगे। तब दोबारा शादी हुई उनकी। मुझे याद तो नहीं लेकिन... पता है। तसवीर भी है।"

लाला हेमराज को खाने के बाद सैर की पुरानी आदत थी। कुछ देर टहलने के लिए बाहर चले जाते थे। नुक्कड़ से एक पान बनवाते अपनी पसन्द का। उम्र के साथ सुपारी ज़रूर कम हो गयी थी। लेकिन उस रोज़ पनवाड़ी की दुकान से पहले ही लौट आये। इतनी सी बात पता नहीं क्यों भँवर की तरह उनकी सोच में अटक गयी थी... साँझ ही तो है। उसे हक़ कह लो, अधिकार कह लो या.... कोई मुनासिब लफ़्ज़ मिला नहीं। ऐसा लग रहा था उनकी बड़ी क़ीमती चीज़ चोरी हो गई है।

जब मनोज पैदा हुआ था तो पहले उनके अधिकार पर सेंध लगी थी। मज़ाक़ में बीवी से कहा–"ठीक है। ठीक है भई हम ख़ुद ही कपड़े निकाल लेंगे। तुम देखो अपने बेटे को। आते ही हमारा बिस्तर अलग करवा दिया इस छटंकी भर लौंडे ने।"

"छटंकी भी मत कहो। आठ पौंड का बेटा दिया है आप को।"

"लेकिन ये तो बता दो पहनें क्या? हिलतन साहब के यहाँ जाना है।"

"निक टाई तो हरगिज़ मत लगाना। बुरी ऊत लगती है आपके गले में। स्कार्फ़ लगा के चले जाओ।"

फिर पिंकी पैदा हुई तो कुछ और कटाव हुआ उनके अधिकार का। खाना नौकरानी के हाथ का मिलने लगा। लेकिन दाल का बघार माया ख़ुद लगाती थी। कोई और लगाये तो उन्हें पता चल जाता था। माया देवी को बड़ा फ़ख्र था इस बात पर। एक बार दाल में से लम्बा

बाल निकल आया। लालाजी ने नौकरानी को निकाल दिया। माया से बोले...

"तुम्हारा बाल होता तो मैं बटवे में रख लेता। लेकिन उस नौकरानी के बाल बर्दाश्त नहीं कर सकता। उसे कहो काम करना है तो सर मुंडवा के आये।"

"अये हाये। सुहागन बेचारी। वो क्यूँ मुंडवाये? कोई विधवा है?"

"तो फिर कोई नौकर रख लो।"

तब से नौकर ही रहा घर में... अब आके चूल्हा चौकी बहू ने संभाला तो एक दिन उसे भी कह दिया : "खाना बनाते हुए बाल खुले मत रखा करो बेटी। आँख पर आते हैं।" मिनी ने कस कर जूड़ा बना लिया। लेकिन बात माया की नज़र से बच न सकी। वो जान गयी थी कि आज तक नौकरानी वाली बात वो भूले नहीं।

दो-चार रोज़ तो बात हँसी मज़ाक़ में टालती रही। माँ दिल ही दिल में इतरा रही थी कि लालाजी इस बुढ़ापे में भी इश्क़ जता रहे हैं। रूठे से रहते हैं। लेकिन कुछ रोज़ और गुज़रे तो सब ने देखा कि बाबूजी ने माँ से बात करना ही छोड़ दिया है। माया भी कुछ बेहाल होने लगीं। बुढ़ापे की रुठाई उन्हें जवानी से भी ज़्यादा जान लेवा लगी। खाने की मेज़ पर सब मिलते और लालाजी चुपचाप खाना खा कर उठते और सैर को निकल जाते। सैर भी कुछ छोटी होने लगी थी। माया ने पूछा तो जवाब दिया।

"अब जल्दी थक जाता हूँ।"

एक बेदिली सी रहने लगी घर में। साथ ही एक दबा-दबा सा तनाव भी शुरू हो गया। खाने की मेज़ पर बैठे हुए मनोज ने कहा—"बाबूजी आप चश्मे का फ्रेम बदल लीजिए। आज कल बड़े नये-नये डिज़ाइन

मिलते हैं।"

"ये डिज़ाइन तुम्हारी माँ का पास किया हुआ है भई।"

"माँ का?" मिनी ने हैरत से पूछा।

"हाँ! उन्हें गोल फ्रेम अच्छा नहीं लगता था। हमने चौरस ले लिया। फिर काले फ्रेम पर ऐतराज़ हुआ उन्हें तो हमने ब्राउन ले लिया।"

एक रोज़ खाने पर बैठे तो चौंक कर देखा माया की तरफ़– "आज बघार तुमने लगाया है?"

माया का जी भर आया। बहू ने पूछा–"आपको कैसे मालूम हुआ?"

"अरे बेटी तुम्हारी सास के बघार में उनके हाथों की ख़ुशबू आ जाती है।"

लेकिन उनकी ख़ामोशी बरक़रार रही जब दबी-दबी मनवाई का भी असर न हुआ तो मिनी ने एक दिन साफ़-साफ़ माफी माँग ली–

"मुझसे ग़लती हो गयी बाबूजी। मैं अपनी मम्मी को मना नहीं कर सकी और मम्मी भी तो मान ही गयीं!" वो दोनों को मम्मी कहती थी। माँ को भी और सास को भी।

एक दबी मुस्कराहट के साथ बाबूजी बोले–"बातें बड़ी मामूली हैं बेटा। न होने से कोई दुनिया इधर की उधर नहीं हो जाती। लेकिन ज़िन्दा रहने का रस बना रहता है बस। हम बूढ़े हो गये हैं। एक दूसरे से बेगाने तो नहीं हो गये।"

अगले दिन ही बाबूजी ने कहा–"मैं कुछ दिन के लिए पिंकी के पास रह आता हूँ ज़रा तबदीली हो जायेगी।"

पिंकी जबलपुर में बियाही हुई थी। मामूली से पस-व-पेश के बाद सब मान ही गये। मनोज ने तो मज़ाक़ भी किया–"ठीक है जब तक

माँ के बाल भी कुछ और लम्बे हो जायेंगे।"

माँ ने समझाया... "बेटी के यहाँ ज़्यादा दिन मत रुक जाना। अच्छा नहीं होता...! जल्दी लौटना।"

दूसरे दिन लालाजी ट्रेन से रवाना हो गये।

दो दिन, चार दिन, छै दिन, हफ़्ता गुज़र गया लेकिन लालाजी जबलपुर नहीं पहुँचे। सब को फ़िक्र हो गयी। दोस्तों, रिश्तेदारों के यहाँ खोज शुरू हुई। ख़ुदा न करे कोई हादसा न हो गया हो। कुछ होता भी तो लालाजी ख़बर करते। कोई माकूल वजह उनके ग़ायब होने की समझ में न आयी। बहुत मायूस होने के बाद पुलिस को इत्तला दी गयी, और अख़बारों में तस्वीर छाप दी गयी... मगर सुराग़ नदारद! परेशानी इस हद को पहुँची कि मुमकिन ना-मुमकिन हर तरह के ख़्याल ज़हन से गुज़रने लगे।

ढाई महीने गुज़र गये और एक दिन अचानक एक ख़त मिला। बदरीनाथ के किसी आश्रम से...! लाला हेमराज बहुत बीमार थे। उनकी हालत बहुत नाज़ुक थी और आश्रम के किसी पण्डित ने उनकी डायरी से पता लेकर ख़त लिख दिया था।

सब लोग फ़ौरन बदरीनाथ पहुंच गये... बस ज़रा सी देर हो गई। उसी सुबह उनका देहान्त हो गया था। दाढ़ी बढ़ी हुई थी। बाल बढ़ के जटायें बन गये थे। चटाई पर पड़े हुए बिलकुल संयासी लग रहे थे।

माया देवी ने चूड़ियाँ तोड़ के फेंक दीं और उनके कान के पास जा कर पूछा—"बाल कटवा दूँ? अब तो मुंडन करवाना होगा। विधवा हूँ ना!"

और इस बार लालाजी से पूछ के बुढ़िया ने सर मुँडवाया.....!

ज़िन्दगी

मेजर मानवेंद्र के बूढ़े चाचा आसपास, दूरदराज, घर बाहर जब भी किसी की मौत होती थी, हमेशा एक ही जुमला कहा करते थे–"भाई, आई को कौन टाल सकता है।"

लेकिन मानवेंद्र ने जैसे चिढ़ कर यह जुमला उसके मुँह से छीन लिया था। मानवेंद्र के इतने सारे हादसों के बाद अब वह अपना जुमला कहते-कहते रुक जाते और कहते भी तो "हाँ, भाई जैसे आई को कोई नहीं टाल सकता वैसे टाली को भी जाये नहीं बनती।"

मेजर मानवेंद्र के बारे में मशहूर था कि मौत को वह रोटी के निवाले की तरह तोड़ कर निगल चुके हैं। मौत अब उनका बाल बाँका नहीं कर सकती। कुछ लोग तो यह भी कहते थे कि मौत कई बार उनसे दान माँगने आयी, लेकिन उन्होंने हमेशा उसे खदेड़ दिया।

छुटपन में जब मानवेंद्र को सरसाम हुआ तो उनके बचने की कोई उम्मीद नहीं थी। माँ-बाप ने डॉक्टर हकीम से लेकर जादू टोने तक सब कुछ कर डाला। पता नहीं माँ की ममता थी या डॉक्टरों की दवा, लेकिन मानवेंद्र बच गया और मौत ख़ाली गोद वापस लौट गयी।

मानवेंद्र, निहायत दुबला पतला बच्चा, बड़ा होने लगा। उसकी सेहत देख कर लगता था कि वह बच तो गया पर बचेगा नहीं।

शायद सच ही था। अभी चंद साल गुज़रे थे कि मौत ने फिर उस पर हमला किया। मानवेंद्र स्कूल से वापस आकर बाग़ में खेलने गया था कि साँप ने काट लिया। लड़कों में भगदड़ मच गयी। किसी ने उसके घर आकर ख़बर दी। माँ नंगे पाँव भागी। बच्चे को गोद में लिये चीख़ती चिल्लाती डॉक्टर के दरवाज़े पर पहुँच गयी। ज़हर चढ़ रहा था और मानवेंद्र बेहोश पड़ा था। पिंडली पर ज़ख़्म देखते ही डॉक्टर ने कह दिया, "बड़ा ज़हरीला साँप था। इतनी देर क्यूँ कर दी?"

डॉक्टर ने कस कर हाथ पाँव बाँध दिये और इंजेक्शन देकर सिरहाने बैठ गया। सोलह घंटे बाद जब मानवेंद्र लौटा तो मौत वापस जा चुकी थी। माँ ने कथा कराई, प्रसाद बाँटे और न जाने कितनी मन्नतें मानीं।

साँप का ज़हर उतरा तो मानवेंद्र के जिस्म पर गोश्त चढ़ने लगा। उसके बाद अचानक उसकी सेहत अच्छी होने लगी। जैसे अब वह जान गया हो कि "टाली को आये नहीं बनती।"

कुछ ही बरस में मानवेंद्र लम्बा तगड़ा, मज़बूत जवान बन कर निखर आया। शहर की सड़कों पर जब वह मोटरसाइकिल पर दनदनाता हुआ गुज़रता तो कितनी ही कुँआरियाँ सी सी कर के कलेजा थाम लेतीं। कोई बड़ा बूढ़ा बड़बड़ाता हुआ गुज़र जाता–"साला, मरेगा किसी रोज़!" लेकिन यह जुमला जैसे मानवेंद्र के लिए नहीं किसी और के लिए हो।

लेकिन एक दिन उस बड़े बूढ़े की बद्दुआ सामने आ गयी। जब उसकी मोटरसाइकिल का एक्सीडेंट हुआ तो मोटरसाइकिल ऐसी

चकनाचूर हो चुकी थी जैसे किसी ने जलेबी को हथेली में दबा कर मसल दिया हो। ट्रक के सामने का बम्पर इंजन में घुस गया था और लपेट में आये हुए साइकिल सवार की लाश बीच सड़क में तड़प रही थी। एम्बुलेंस आयी और अधमरे मानवेंद्र को अस्पताल ले गयी। अस्पताल में वह ऑक्सीजन के सहारे जीता रहा। ख़ून इस क़दर बह चुका था कि डॉक्टरों ने पाँच दफ़ा जिस्म में ख़ून दाख़िल करने के बाद भी कोरा जवाब दे दिया–"बस, मरीज़ चंद घंटों का मेहमान है। हमें अब कोई उम्मीद नहीं।"

छः महीने बाद मानवेंद्र अस्पताल में पट्टियाँ खुलवा कर फिर जीता जागता लौट आया था। उसी दिन चाचा के मुँह का जुमला पहली बार बदला था।

"भगवान लड़के को लम्बी उम्र दे। सच है जिसे भगवान रखे उसे कौन चक्खे।"

और बाप के मरने के बाद मानवेंद्र भगवान का नाम लेकर मिलिटरी में भरती हो गया। द्वितीय विश्वयुद्ध शुरू हो चुका था। मानवेंद्र फ़ौज के साथ परेड करता हुआ एक दिन 'फ्रंट' पर पहुँच गया। मानवेंद्र मिलिटरी में क्या गया, खुले आम मौत की वादी में घूमने लगा। मौत मुँह के निवाले पर झपटने लगी। पहली बार दुश्मन की गोली सनसनाती हुई उसके पहलू से गुज़र गयी और सामने वाला संभलता हुआ तड़प कर लोटपोट हो गया। वह उसके ठंडे होते हुए जिस्म को संभाल रहा था कि उसके दस्ते से पचास गज़ की दूरी पर एक गोला फटा और सारा दस्ता भट्ठी में गिरे चनों की तरह भुन गया। लेकिन मानवेंद्र–

मेजर मानवेंद्र एक बार फिर अस्पताल में पट्टियाँ खुलवा कर मौत से भिड़ने फ्रंट पर चला गया। जैसे कि मौत का मुँह ही नोच डालेगा।

लेकिन इस बार मौत ने खा ही लिया। वह दुश्मनों के हाथ पड़ गया, और सीधा क़ैदियों के कैम्प में जा पहुँचा। मौत शायद जान गयी थी कि मानवेंद्र एकमुश्त हाथ नहीं आयेगा। उसे किश्तों में हासिल करना होगा।

भूख, प्यास, ज़ुल्म, मौत की हज़ारों सूरतें सर पर मँडरा रही थीं। मानवेंद्र घुलने लगा। एक कैम्प से दूसरा, दूसरे से तीसरा, और साल भर में उसकी ऐसी हालत हो गयी, जैसे अभी सरसाम से उठा हो।

किस्तवार मौत उस पर क़ाबू पा रही थी कि–'सेकेंड वर्ल्ड वार' भी ख़त्म हो गया। क़ैदियों के तबादले में मेजर मानवेंद्र जिन्दा सलामत, जीता जागता सही घर लौट आया। बूढ़ी माँ बलायें लेती न थकी, चाचा ने दान किये, जश्न मनाये, पार्टियाँ दीं। फ्यूज़ उड़ गया था। मानवेंद्र मीटर देख रहा था कि नंगी तार पर हाथ पड़ गया। चकरा कर नीचे गिरा और मर गया।

ऊँची एड़ी वाली मेम

और ये बात सारे मुहल्ले में फैल गयी कि झब्बा के पारसी सेठ ने उसे साइकिल इनाम में दी है।

कपड़े धोते महकू के हाथ रुक गये। उसका मुँह छोटा हो गया जैसे झब्बा की साइकिल नहीं, मुहल्ले में उसकी मौत आ गयी हो। महकू जो इतने दिनों से अपने पंजाबी सेठ की शेखियाँ बघारता था वो सब जैसे साबुन के झाग की तरह बैठने लगीं। उसके पंजाबी सेठ ने तो वादे कर के भी उसे साइकिल नहीं दी लेकिन झब्बा ने ख़ुद माँग के हासिल कर ली।

झब्बा सामने की हौदी में कपड़े धो रहा था और बार-बार कंधियों से महकू की तरफ़ देख लेता था। एक दफ़ा जब दोनों की निगाहें मिल गयीं और झब्बा ने मुस्करा कर मुँह नीचा कर लिया तो महकू के सीने में तो जैसे आग ही लग गयी। उसने ज़ोर-ज़ोर से कपड़े को हौदी में मसलना शुरू किया लेकिन दूसरे ही लम्हे में वो कपड़े को ज़ोर से पटख़ कर अन्दर चला गया और चादर तान के सो गया। लेकिन नींद कहाँ? बड़ी देर तक महकू पहलू बदलता रहा और झब्बा को नीचा दिखाने के लिए क़िस्म क़िस्म के मंसूबे बाँधता रहा। न जाने उसे झब्बा से क्या

बैर था, उससे क्या चिढ़ थी। कई दफ़ा उसने झब्बा के इक्के दुक्के कपड़े भी ग़ायब कर दिये थे। जानबूझ कर उसका साबुन भी पानी में बहा दिया था लेकिन इन सब बातों से इसके कलेजे को ठण्डक नहीं पहुँची। झब्बा से तो उसे जन्म-जन्म का बैर था।

पता नहीं कि ऐसा क्यूँ हुआ हालाँकि झब्बा उसका बचपन का यार था। दोनों इकट्ठे खेलते थे, इकट्ठे पढ़ते थे, एक साथ कबड्डी के मैच खेलते थे। रामलीला के ड्रामे रचाये थे, दोनों बड़े पक्के यार थे लेकिन न जाने क्यूँ जब दो साल पहले महकू गाँव गया तो झब्बा के साथ ज़्यादा घुलमिल नहीं सका, झब्बा उसे गँवार का गँवार ही नज़र आया। वही ढीली ढाली सी धोती, वही भूरा सा कुर्ता, निहायत गंदा और मैला। अभी तक वो धोती से नाक पोंछता था। खाना खा के कुर्ते से हाथ पोंछ लेता था। दिन भर बाप के साथ मिट्टी भूसे में काम करता और जब शाम को रहट पर नहा कर उसी मैली धोती से बदन पोंछता तो महकू को ऐसा लगता जैसे झब्बा अभी बहुत पीछे है, उसके मिआर से बहुत नीचे है। कहाँ झब्बा और कहाँ वो! कहाँ एक उजड्ड गँवार और कहाँ वो शहर का सजीला नौजवान जो रोज़ धुले हुए साफ़ कपड़े पहनता था। उन्हें घर में इस्त्री भी किया करता था। हाथ में एक रंगीन रूमाल भी रखता था। वो कभी ज़मीन पर नहीं बैठा। कभी बड़े बरगद के नीचे पड़ी हुई सिल पर नहीं लेटा, उसके उठने-बैठने में एक सलीक़ा था, एक ढंग था, और झब्बा?... हुँह...!

वो तो महकू यहाँ नहीं था इसलिए झब्बा का दाँव चल गया वरना झब्बा क्या जाने कि इश्क़ कैसे किया जाता है? उसे पूरा-पूरा यक़ीन था कि एक न एक दिन बटू जुलाहे की बेटी ज़रूर उसके साथ आ फँसेगी।

वो दिन में कई मर्तबा बटू के घर के सामने से गुज़रता। आहिस्ता-आहिस्ता टहलते हुए बरगद वाली गली से निकलता लेकिन बटू के घर के पास पहुँच कर उसके क़दम थरथरा जाते। उसकी साँस तेज़ हो जाती और घबराया घबराया सा तेज़ी से बटू के घर के सामने से गुज़र जाता। उसने घबराहट में कभी गर्दन घुमा के भी नहीं देखा कि लक्ष्मी उसे देख रही है या नहीं। सिर्फ़ धायें धप धायें धप की आवाज़ उसके कानों में रह जाती और बटू का ताना उससे दूर होता जाता।

शाम को जब वो दूसरे लड़कों के साथ चौपाल में जा कर बैठता तो बम्बई के बारे में बड़ी लम्बी-लम्बी हाँकता। लड़के बड़े ग़ौर से उसकी बातें सुनते। मुँह खोले उसकी तरफ़ देखते रहते। दो मंज़िला मोटरों का ज़िक्र उन्हें हैरान कर देता। लिफ्ट उनके लिए जैसे किसी दूसरे जहान की चीज़ थी। वो कैसी मशीन होगी जिसका बटन दबाने से कमरे का कमरा ऊपर चला जाता है और कमरे का कमरा नीचे आ जाता है। और तो और उसके दरवाज़े भी ख़ुद ही खुलते हैं और ख़ुद ही बंद हो जाते हैं।

"फिर तो अली बाबा के पास वही मशीन होगी" गजवरा दिल ही दिल में सोच रहा था। अगर ऐसी मशीन हाथ लग जाये तो फिर ऐश हो जाये। किसी पहाड़ की चोटी पर छुपने की जगह बना लें और आसपास के गाँव में ख़ूब डाके मारें, लेकिन वो ग़रीबों की ज़रूर मदद करेगा। इससे बड़ा नाम होता है। सुलताना डाकू भी तो यही करता था। लेकिन क्यूँ ना महकू को अपने साथ मिला लें। उसने महकू की तरफ़ देखा। न जाने कब उसने बाइस्कोप की बात शुरू कर दी थी।

"ये नर्गिस, सुर्रया, तो वहाँ ऐसे घूमती रहती हैं जैसे यहाँ मालती, लक्ष्मी वग़ैरा"–लक्ष्मी का नाम मुँह पर आते ही कनपट्टियों तक लाल सुर्ख़ हो गया। उसने चुपके से झब्बा की तरफ़ देखा। वो जाने कब वहाँ से खिसक गया था। "ज़रूर लक्ष्मी से मिलने गया होगा।" उसने मन ही मन में सोचा। थोड़ी देर बाद वो भी चौपाल से उठ कर घर चला आया।

रात को देर तक बिस्तर पर पड़ा वो लक्ष्मी के बारे में सोचता रहा। उसने देखा जब भी वो बटू के घर के सामने से गुज़रता है, लक्ष्मी की आँखें खिड़की पर टिकी रहती हैं। उसे देखते ही उसके हाथ रुक जाते हैं। ताना खींच कर टूट जाता है और बटू की भारी आवाज़ उसके सर के ऊपर से फड़फड़ाती हुई गुज़र जाती है।

"बेटा आज कल क्या हो गया है तुझे? देख तो बुनायी में कितनी गिर्हें पड़ गई हैं।" लेकिन लक्ष्मी खोयी खोयी सी नज़रों से खिड़की के बाहर देखती रहती। धीमी सी आवाज़ में कह देती।

"कुछ नहीं बापू बस ताना उलझ गया है।"

लेकिन भोले बटू को क्या मालूम, कौन सा ताना उलझ गया है। उसे क्या मालूम कि लक्ष्मी के दिल में गिर्हें पड़ी हुई हैं। वो महकू के इश्क़ में कैसे तड़प रही है। फिर उसने देखा कि लक्ष्मी की माँ दरवाज़े में बैठी उसकी चोटी गूँथ रही है। जूँही महकू कल्फ़ लगे कपड़े पहने, रेशमी रूमाल मुँह पर रखे उनके घर के सामने से गुज़रा लक्ष्मी धक से रह गई। उसके बस में होता तो वो बाल छुड़ा कर भागती और महकू से लिपट जाती और उसके सीने पर सर रख के ख़ूब रोती और कहती–"निरमोही! तुमने मेरा दिल चुरा लिया है। मेरी रातों की नींद चुरा ली है। तुम्हारे बिन मुझे एक पल भी चैन

नहीं है। तुम्हारे बिन मैं ऐसे जी रही हूँ जैसे पानी बिन मछली।" लेकिन उसकी माँ जो बैठी थी, वो ये सब कैसे कहती, कैसे करती। मगर दूसरे लम्हे उसने देखा वो माँ-बाप के बंधन तोड़ कर चली आयी। उसके पाँव पड़ गयी और रो रो कर कहती रही–"मुझे अपने साथ ले चलो, मैं तुम्हारे बिन नहीं जी सकती।" महकू के होंट एक फ़तेहयाब मुस्कराहट से फैल गये।

उसने देखा झब्बा उसका रक़ीब सामने बरगद के नीचे खड़ा ये सब देख रहा है। इसे लगा जैसे वो किसी फ़िल्म का हीरो बन गया हो। लक्ष्मी कहती रही–

"मुझे अपने साथ ले चलो। मुझे अपने साथ ले चलो।" उसने फ़िल्मी हीरो के अन्दाज़ में लक्ष्मी के सर पर हाथ फेरा। "तुम मेरे साथ कहाँ-कहाँ जाओगी सौभागनी। मेरे जीवन में बहुत कठिनाइयाँ हैं। नहीं, नहीं, मैं तुम्हें ये दुख नहीं दे सकता–नहीं नहीं।"

वो अपना हाथ छुड़ाने लगा। वो ज़ोर से हाथ खींचने लगा... गाल पर तमाचा पड़ा तो देखा बाप हाथ पकड़े उसे जगा रहा था और महकू कह रहा था–

"नहीं नहीं मैं तुम्हें ये दुख....हैं?...... बापू! हाँ उठता हूँ।" उछल के वो चारपाई से उठा तो देखा लक्ष्मी आँगन में खड़ी देख रही है और पल्लू में मुँह छुपाये हँस रही है।

दरअसल महकू बम्बई क्या आया, अपनी चाल भूल गया। गाँव के सारे लड़के उसे फिसड्डी-फिसड्डी से लगते। पढ़े-लिखे न हों तो पढ़े-लिखों के से तौर तरीक़े तो हों। बस गँवार, भोंदू के भोंदू। कितने बड़े हो जाते हैं, फिर भी वही मिट्टी में कबड्डी खेलते हैं, गिल्ली डंडा खेलते हैं। खेतों की मुंडेरों पर अलाव जला कर घर के बर्तन पीटते

हैं, और देहाती गाने गाते हैं। कभी बाइस्कोप नहीं जाते। कभी सुर्रया का गाना नहीं गुनगुनाते। ये लोग क्या जानें शहर में कैसे रहा जाता है। कहीं दो दिन लक्ष्मी शहर में रह ले तो फिर कभी झब्बा का मुँह न देखे। झब्बा!...हुँह... साले का नाम तो देखो झब्बा!!

महकू और झब्बा के दर्मियान ये ख़लीज बढ़ती रही। दर-हक़ीक़त झब्बा के दिल में कोई मैल नहीं था, कोई रंजिश नहीं थी। अब भी वो पहले की तरह महकू से मिलता था। बड़े रख-रखाओ से बात करता। लेकिन महकू तो बस अन्दर ही अन्दर भरा पड़ा था। उसके बस में होता तो झब्बा को मैले कपड़ों की तरह घाट के पत्थर पर पटख़ पटख़ कर मार देता और अन्दर जाकर चादर तान के गहरी नींद सो जाता।

महकू ने एक और करवट बदली और चादर को ज़ोर से खींच कर अपने गिर्द लपेट लिया। "साला बम्बई क्यूँ चला आया? किसने भेज दिया इसे बम्बई, हराम का तख़्म...." उसने दिल ही दिल में एक और मोटी सी गाली झब्बा को दी।

महकू ने उसके कुछ गाहक तोड़ने की बहुत कोशिश की थी। उनके इक्के-दुक्के कपड़े चुरा कर ग़ायब कर दिये। कभी फाड़ भी दिये, कभी मौक़ा पाकर इस्त्री से जला भी दिये। लेकिन वो प्लास्टिक के बर्तन साले न टूटने थे न टूटे। उसने कम दामों पर भी उनके कपड़े धोने चाहे। लेकिन झब्बा ने जाने क्या अमल पढ़ दिया था उन पर कि वो गाहक इसे नहीं मिले। ख़ास तौर पर उस पारसी सेठ के लिए तो उसने बहुत कोशिश की थी जो झब्बा पर इस क़दर महरबान था। हर दूसरे-तीसरे महीने उसे कुछ न कुछ बख़्शीशें दे देता था। थोड़ी देर के लिए तो उसे पारसी सेठ पर गुस्सा आने लगा। साला हराम की कमाई है। ख़ूब लुटाता है। क्या जाता है उसका, और झब्बा तो है ही

भिखमंगा! अब ये भी कोई माँगने की बात थी।

जब पहली दफ़ा झब्बा के सेठ ने एक गर्म पतलून इनाम में दी तो महकू बहुत जला भुना। झब्बा पतलून पहन कर बाइस्कोप चला तो महकू ने रास्ते में उसका मज़ाक़ उड़ाया। वो मज़ाक़ उड़ाया कि बेचारा आधे रास्ते से वापस लौट गया।

महकू ने जाना कि उसने मैदान मार लिया।

लेकिन दूसरे ही दिन झब्बा फिर अपने पारसी सेठ की तारीफ़ कर रहा था। "मालूम है अपने सेठ ने कपड़ा इस्त्री करने के लिए एक इतना बड़ा मेज़ इनाम में दिया है।" उसने दोनों हाथ फैला कर कहा।

"कहाँ है?" महकू ने फीके चेहरे से पूछा।

"कल लाऊँगा।"

"अबे वो क्या देगा, कल भी कभी आई है।"

"अच्छा कल देख लेना।"

और अगले दिन झब्बा वाकई मेज़ उठा लाया। दूर ही से महकू को ललकार के बोला। "क्यूँ महकू देख लिया? आ गई मेज़।"

"अबे तो कौन सा तीर मार दिया तेरे सेठ ने जो एक टूटी हुई मेज़ दे दी।"

"दिल चाहिए इसके लिए भी दिल।" झब्बा कुछ-कुछ महकू को समझने लगा था।

"है कोई ऐसा गाहक तेरा जो इस्त्री गर्म करने के लिए कोयला ही दे दे तुझे।"

चोट वाकई करारी थी।

"जा जा—बहुत देखे दिल वाले।" महकू चहका—"दिल तो अपने पंजाबी सेठ का देख जो मुझे साइकिल लेकर दे रहा है। इस टूटी हुई

मेज़ में क्या रखा है।''

महकू ने बिलकुल बेपर की उड़ा दी।

''अगर वो पंजाबी तुझे साइकिल दे दे ना तो तेरी टाँग तले से निकल जाऊँ।'' झब्बा शायद महकू की नब्ज़ ख़ूब पहचानने लगा था।

''रही—और नहीं तो तू भी अपने सेठ से साइकिल माँग के देख ले, अगर दे दे तो मैं अपनी मूँछ मुँडवा दूँगा।''

''रही ये भी रही।'' झब्बा भी तैश में आ गया।

उन ही दिनों महकू के पंजाबी सेठ की शादी हुई थी और महकू ने पहले ही उससे इनाम का वादा ले रखा था। मौक़ा ग़नीमत जान महकू ने साइकिल तलब कर ली। सेठ ने कोई जवाब न दिया। महकू ने जब दो-तीन बार ज़ोर दिया तो उसने कह दिया।

''बीवी घर आयेगी तो उससे ले लेना। अब तो वही मालकिन है।''

कई हफ़्ते वो बीवी का इन्तज़ार करता रहा।

बीवी आई तो अपने साथ मिठाई का बहुत बड़ा टोकरा लेकर आयी। उसमें से एक लिफ़ाफ़ा महकू के हिस्से में भी आया। सेठ की सिफ़ारिश पर महकू को ख़ुश करने के लिए बीवी ने एक पाँच रुपये का नोट भी उसकी हथेली पर रख दिया। कुछ कहने की गुंजाइश ही कहाँ थी। महकू चुपचाप घर चला आया। और चादर तान के सो गया। यही उसकी पुरानी आदत थी। वो जब भी ग़मगीन होता या किसी गहरी फ़िक्र में होता सीधा बिस्तर पर चादर तान पड़ा रहता। और फिर घंटों पड़ा सोचता रहता। सोचते-सोचते वहीं सो जाता। दूसरे दिन जब वो उठता, हलका फुलका काम में लग जाता। कल की फ़िक्र नींद में घुल मिल कर, सपनों के साथ उड़ जाती।

लेकिन आज तो उसका दिमाग़ जैसे सुलग रहा था। पिछले कई हफ़्तों से वो साइकिल की शर्त भूल गया था। और झब्बा ने भी कभी उसका ज़िक्र नहीं किया। यहाँ तक कि मुहल्ले के चन्द दूसरे धोबी जिन्हें इस शर्त का इल्म था वो भी भूल गये थे। लेकिन आज झब्बा ने उसके पाँव तले से ज़मीन खींच ली। वो सटपटा गया। हौदी पे कपड़े धोते हुए आज जिस निगाह से झब्बा ने उसकी तरफ़ देखा था वो कभी नहीं भूल सकता। उसके बस में होता तो साबुन की डलियाँ मार मार कर उसकी आँखें फोड़ देता।

महकू ने बेताबी से दो-तीन करवट बदलीं। चादर को और खींचा ताना। सर को घुटनों में दबा कर वो बिलकुल जलेबी हो गया।

लेकिन नींद आज कहाँ? वो झब्बा से हार मानने के लिए तैयार नहीं था। वो कुछ भी कर गुज़रेगा लेकिन झब्बा से हार नहीं मानेगा। झब्बा... आ...आ...जैसे वो इस नाम की जुगाली कर के थूक देना चाहता हो।

सुबह गुज़र गयी, दोपहर बीत गयी। लेकिन वो बिस्तर से नहीं उठा। शाम को भी देर गये जब धुँधलका बढ़ने लगा वो बरामदे से उठा और अन्दर कोठरी में चला गया। अन्दर से दरवाज़ा बंद कर के वो बीवी के ट्रंक में कुछ ढूँढ़ता रहा। बहुत से कपड़े ऊपर नीचे करने के बाद उसे बीवी के गले की हँसली मिल गयी। हँसली को अंटी में दबा वो बाहर निकल आया।

झब्बा के दरवाज़े के सामने उसकी साइकिल अपने स्टैंड पर खड़ी थी। एक मिनट के लिए उसे ऐसा लगा जैसे लक्ष्मी किसी मेम की ऊँची एड़ी वाली सैंडिल पहने कमर पर हाथ रखे, सामने खड़ी उसका मुँह चिढ़ा रही है। वो लपक के अन्दर गया और एक नुकीला

चाकू लाके साइकिल के पहियों में उतार दिया। एक पल में साइकिल के दोनों पहिये बुझ गये।

चाकू चारपाई पर फेंक, हँसली को अंटी में दबा, महकू बाहर चला गया।

और दूसरे दिन बात सारे मुहल्ले में फैल गयी कि महकू के पंजाबी सेठ ने उसे साइकिल इनाम में दी है!

गुड्डो

कई बार उसे ख़ुद भी ऐसा लगा कि वो अपनी उम्र से ज़्यादा बड़ी हो गयी है। जब वो आठवीं में थी दसवीं जमात की लड़कियों की तरह बात करती थी। और नवीं में आने के बाद तो उसे ऐसा लगा जैसे बिल्कुल बड़ी दीदी की तरह कॉलेज में पढ़ने लग गयी है। उन्हीं की तरह उसने अपनी डायरी लिखनी शुरू कर दी थी। उन्हीं की तरह वो भी मूडी हो गयी थी। उन्हीं की तरह घण्टों शीशे के सामने बैठी सिंगार करती रहती। गयी बार माँ ने टोका तो उसे बुरा लगा।

''हुँह! दीदी को तो कुछ कह नहीं सकतीं, मुझे डाँट देती हैं।''

मन ही मन बड़बड़ाकर वो चुप हो गयी।

लेकिन उस दिन वो फूट पड़ी जिस दिन दीदी ने उसके लिए नया फ़रॉक बनाया।

''मैं नहीं पहनती फ़रॉक। ख़ुद तो अच्छी अच्छी साड़ियाँ ले आती हैं। मेरे लिए ये फ़रॉक बना दिया है।''

''गुड्डो–तू बड़ी हो जाए तो''

''गुड्डो, गुड्डो मत कहा करो मुझे। यह मेरा नाम नहीं है?''

''अच्छा कुसुमजी आप बड़ी हो जाएँगी तो साड़ी भी ला देंगे।''

''मैं अभी छोटी हूँ? नवीं में पढ़ती हूँ।''

दीदी हँस पड़ी और वो पैर पटख़ती चली गयी।

दीदी, पता नहीं, अपने-आपको किस बात पर बड़ा समझती हैं। वो उनसे ज़्यादा अच्छी डायरी लिख लेती है। उनसे ज़्यादा प्यार भरी बातें कह सकती है। देवराज की तो शकल भी अच्छी नहीं है। ऐसी ऊँची नाक है। हाथ से पसीना पोंछता है तो हाथ टकरा जाते हैं। और वो खुद! वो जिसे प्यार करती है वो तो लाखों का चहेता है। सचमुच फ़िल्मों का हीरो। देवराज तो उसके 'मेहबूब' की नक़ल करता है। वो जैसे बाल बनाता है, देवराज भी वैसे बाल बनाता है। पल-भर को उसे लगा जैसे दीदी भी कुछ नहीं। जैसे देवराज और दीदी तो बस दिलीप कुमार और कुसुम की जूठन हैं। इस ख़याल से उसे बड़ी तसल्ली हुई। ख़यालों ही ख़यालों में दिलीप की आग़ोश में डूब गयी और आसमान पर बिखरे-बिखरे बादलों के टुकड़े जोड़ने लगी।

कितनी बार वो स्कूल से भाग-भाग कर अपने 'मेहबूब' से मिलने गयी थी। सातवीं में थी। सातवीं या आठवीं में जब उसने "मधुमती" देखी थी। हाय! कितना अच्छा लगता था उसमें दिलीप। पूरी बाँहों वाली जर्सी में, बस इसके होंटों से "सी" निकल गयी। उसका बस चलता तो वहीं भाग कर पर्दे पर उसका हाथ पकड़ लेती। उसने कभी सोचा था, वो दिलीप से मिलेगी, तो ज़रूर एक पूरी बाँहों वाली जर्सी बुन कर देगी। और फिर "नया दौर" में जब उसने दिलीप को धोती में देखा तो उसकी रही-सही सुध-बुध भी जाती रही। उस दिन से तो वह उसपर बिल्कुल ही लट्टू हो गयी थी। ताँगे की कमानी पर बैठ कर जब हवा में चाबुक लहराता था तो जैसे जान ही निकाल लेता था। उसे हर वक़्त यही डर लगा रहता था, कहीं गिर न पड़े। कई बार तो टाँगों के धचके के साथ वो खुद भी उछल पड़ी थी। और जब दिलीप

दनदनाता हुआ टूटे हुए पुल से गुज़रा था तो उसने पुल के नीचे अपनी दोनों बाँहों का पूरा ज़ोर लगा दिया था। उसे तो तब एहसास हुआ था जब साथ की सीट पर बैठी उसकी सहेली ने "उई" कह के अपना हाथ छुड़ाया था। "लेकिन ये मोटी मद्रासिन वैजयंतीमाला क्यों इसके पीछे पड़ गयी है।" यकलख़्त ही वैजयंतीमाला के ख़ेलाफ़ शदीद नफ़रत से भर गयी। "धन्नो! आयी बड़ी धन्नो!" उसे बड़ी तसल्ली हुई यह सोचकर कि "गंगा जमुना" के आख़िर में वैजयंती माला मर जाती है।

वो बिस्तर से उठी और जाकर मेज़ के दराज़ से अपनी डायरी निकाली। डायरी में "गंगा जमुना" की बुकलेट पड़ी थी। बुकलेट के ऊपर दिलीप और वैजयंती की तस्वीर थी। उसने दीदी की अलमारी से कैंची निकाली और वैजयंती की तस्वीर काट कर अलग कर दी। दिलीप की तस्वीर को चूमा। उसके बालों पर हाथ फेरा और फिर तस्वीर को सँभाल कर डायरी में रखा और डायरी पर सर रखके फिर बिखरे-बिखरे बादलों के टुकड़े चुनने लगी।

कब से वो इन बादलों के टुकड़े सी रही थी। लेकिन बादल थे कि बार-बार बिखर जाते थे। न बरसते थे, न सिलने में आते थे। कहाँ तक वो बादलों को जोड़ती जाए, पिरोती जाए काश, वो एक बार जमके बरस जाएँ ताकि उसका कलेजा ठंडा हो जाए।

काश, दिलीप एक बार मुझे चिट्ठी लिखे। उसने सोचा। जैसे देवराज दीदी को लिखता है। वो तो कुछ भी नहीं। दिलीप जो लिखेगा, वो तो कोई और लिख भी नहीं सकता। उसने कई बार उसके लिखे हुए ख़त फ़िल्मों में सुने थे।

उसने डायरी निकाली और दिलीप के नाम एक और ख़त लिखने बैठ गयी।

नवीं का इम्तेहान दिया ही था कि कुसुम की ज़िन्दगी में एक ऐसी सुबह आयी जिसका वो तसव्वुर भी नहीं कर सकती थी। सुबह उठते ही मालूम हुआ, मामा आये हैं और सब दिलीप कुमार की शूटिंग देखने चलेंगे। स्कूल में छुट्टी थी। बस, बात बन गयी। वो भी जाएगी। उसने मामा से कह दिया।

"चलो, तुम भी चलो।"

"यह क्या करेगी जाकर?" दीदी ने कहा।

"गुड्डो ऑटोग्राफ़ ले लेगी।"

"इसे गुड्डो मत कहिए मामाजी, वरना नाराज़ हो जाएगी। अब यह बड़ी हो गयी है।"

दीदी हँस रही थी। वो फिर दीदी से चिढ़ गयी। जब दिलीप प्यार भरी नज़रों से उसकी तरफ़ देखेगा, तब पता चलेगा, वो कितनी बड़ी हो गयी है। वो तैयार होने अन्दर चली गयी और देर तक सिंगार की मेज़ के सामने बैठी रही।

जब शूटिंग पर पहुँचे तो दिलीप और वैजयंती एक "सीन" की रिहर्सल कर रहे थे। सहमी-सहमी-सी वो एक तरफ़ खड़ी रही दिलीप वैजयंती का हाथ पकड़े कह रहा था -

"लता, अब दुनिया की कोई ताक़त तुम्हें मुझसे छीन नहीं सकती। मैंने हमेशा-हमेशा के लिए तुम्हें पा लिया है। बताओ, मेरे साथ चलोगी लता?"

और लता ने बड़े प्यार से अपना सिर दिलीप के सीने पर रख दिया।

"बेशरम" कुसुम मन ही मन बड़बड़ाई।

शॉट ख़त्म हुआ तो मामा ने कहा, "गुड्डो, जाओ ले लो

ऑटोग्राफ़।"

"नहीं नहीं मुझे नहीं लेना ऑटोग्राफ़?" वो रुआँसी हो कर बोली।

"अरे, क्या हो गया?"

"कुछ नहीं।" वो कह कर बाहर चली गयी।

जब सब वापस आ गये तो वो सीधी अपने कमरे में पहुंची दराज़ से डायरी निकाली और डायरी से दिलीप के सारे फ़ोटो निकाले और मसल-कुचल कर खिड़की से बाहर फेंक दिए।

"जाओ, जाओ, अपनी धन्नो के पास! तुम भी जाओ।"

और बिस्तर पर गिर कर फूट-फूट कर रोने लगी।

जामुन का पेड़

"जा...र्जी...ई...ई..." एक चीखती हुयी आवाज़ सड़क के एक कोने से दूसरे कोने तक गूँज गयी। जार्ज की माँ, फ्लोरा एक अधेड़ उम्र की औरत थी जिसका रंग काला, लेकिन चेहरे के नक़्श बहुत तीख़े थे। वो सीढ़ियों पर खड़ी उसे आवाज़ दे रही थी।

"सुबह हुई नहीं और कंचे उठाये निकल गया। चल पापा बुला रहे हैं तेरे को।"

"आया मम्मी! ये बाज़ी खेल लूँ।" जार्ज सड़क पार से चिल्लाया।

फ्लोरा की आवाज़ सुनकर पास वाले मकान से बाबू ने गर्दन निकाली और ज़ोर से अपनी दायीं आँख दबायी। फ्लोरा मुस्कराती हुई वापस अन्दर चली गयी।

अहमद ने उँगलियों से आँखों का कीचड़ साफ़ किया। चुनकर एक कंचा अंटी में फँसाया और बड़े अन्दाज़ से होंठों को बल देते हुए उँगली को मोड़कर कंचा उछाल दिया। बंटा पिल्लू के पास जाकर पड़ा और बंटा पड़ते ही कंचा डरे हुए चूहे की तरह पिल्लू में घुस गया। अहमद फिर जीत गया। जार्ज ने जेब से आख़िरी कंचा निकाला। नेकर

से पोंछ कर हसरत भरी नज़र डाली और अहमद के हवाले कर दिया।

"कोई बात नहीं बेटा।" आठ साल का जार्ज नौ साल के अहमद से कह रहा था -

"अंटी में तुम हमेशा जीतते हो। गच्ची खेलना ज़रा मेरे साथ!"

"तो आओ गच्ची खेल लो बेटा।"

"ज़रा पापा दफ़्तर जा लें, फिर आऊँगा।" जार्ज ने भागते हुए सड़क पार की और सीढ़ियों में घुस गया। अहमद ने कमीज़ पर लटकी हुई जेब हाथ पर उँडेली और जामुन से टेक लगाकर बैठ गया। अच्छे-अच्छे कंचों को अलग किया, बारी-बारी मुँह में डालकर थूक से गीला किया, चमकाया और झोली में अलग रख लिया।

"टन, टन" घंटाघर ने सात बजाए।

"अम्माँ जल्दी कर, स्कूल लग जाएगा।"

"ले बेटा। ये ले!" अम्माँ ने दो पैसे के गुड़ के सेव निक्के के जेब में डाल दिए।

"क्यों बे निक्के, तूने मेरा कंचा नहीं दिया अभी?" निक्का डरके वहीं रुक गया। उसने अम्माँ की मदद चाही।

"जाने दे रे छोरे। स्कूल जाने दे छोरे को।" अम्माँ अपना छाबा सजाते हुए बोली। अहमद ने बढ़के निक्के का बस्ता पकड़ लिया।

"क्यों रे, मानेगा नहीं तू।" अम्माँ ने अहमद की तरफ़ हाथ बढ़ाया अहमद ने झपट के निक्के की जेब में हाथ डाला और हड़प से गुड़ की सेव मुँह में डाल लिए अम्माँ ने अहमद को कमीज़ से पकड़ लिया—"चल दीनू के पास। आवारा कहीं का, सुबह उठते ही मुहल्ले के बच्चों को तंग करने निकल आता है।"

"बुढ़िया छोड़ दे मुझे, नहीं तो तेरी टाँग तोड़ दूँगा। छोड़ दे, छोड़

दे, नहीं तो हड्डी-पसली एक कर दूँगा।'' अहमद चिल्लाकर बोला।

''चल तुझे दीनू ही ठीक करेगा।''

''दीनू मेरा क्या करेगा, छोड़ दे मुझे नहीं तो मैं छाबा उलट दूँगा तेरा।''

''क्यों रे बाप को ऐसे बोलता है। शर्म नहीं आती तुझे।'' अम्माँ ने अहमद की गुद्दी पर चपत जमायी, अहमद की जेब से छलक कर कई कंचे सड़क पर लुढ़क गये।

''बुढ़िया खूसट! बुढ़िया खूसट!'' अहमद जल्दी से कंचे चुनता हुआ भाग गया।

''अबे ओ हरामज़ादे, तेरी माँ की... इधर आ, पालतू साला।'' सड़क के घंटाघर वाले सिरे पर अपनी दुकान के बाहर खड़ा दीनू लोहार अपने बेटे को बुला रहा था। ''पालतू साला'' दीनू की ख़ास गाली थी। सुबह उठते ही वो अपनी गालियों की बौछार शुरू कर देता जो साले, हरामज़ादे, से शुरू होती और तेरी माँ, तेरी बहन पर जाकर ख़त्म होती। दीनू की उम्र पैंतालीस बरस के करीब थी। उसकी कमर में ज़रा-सा ख़म आ चला था। सिर पर बेंत की बनी हुई एक टोपी रखे, मैली-कुचैली लुंगी पर मिलिटरी की खाकी बनियान पहने वो दिन भर फ़ौलाद से लड़ता रहता और शाम को काम ख़त्म कर के जब दुकान के बाहर चारपाई पर बैठता तो महमूद हुक्का भरके उसके पास रख देता। हनीफ़ और अकरम छुट्टी करने से पहले उसके पाँव दबाते—दीनू नाक सिनक कर लुंगी से हाथ पोंछता। महमूद आ जाता, हुक्का और चारपायी दुकान में बन्द करता और दीनू ''अलहमदो-रब्बुलआलमीन'' पढ़ता हुआ घर आ जाता।

दीनू को फ़सीह बिल्डिंग में रहते हुए बीस साल से ज़्यादा का

अरसा हो चला था। ये उन दिनों की बात है जब सड़क की दूसरी तरफ़ जामुन के पीछे, हरफूल बस्ती की ये बिल्डिंग नहीं बनी थी। इसी जामुन के पेड़ के नीचे बसंती अपनी फूलों की दुकान लगाया करती थी। दीनू सड़क के उसी चौराहे पर घोड़ों के नाल लगाया करता था। दीनू और बसंती को एक-दूसरे से इश्क़ था। लम्बा क़द और नीली आँखों वाली बसंती जब सिर पर टोकरा रखे चौराहे से गुज़रती तो दीनू के बाजुओं के पट्ठे उभर आते और एक मोटी-सी गाली उछाल कर हथौड़े को ज़ोर से घोड़े की नाल पर दे मारता। बसंती उसकी तरफ़ देख कर मुस्कराती हुई आगे निकल जाती।

फिर मंडी के मलिक ने बसंती के बाप को पाँच सौ रुपया देकर उससे निकाह कर लिया और ज़बर्दस्ती अपने घर ले आया। मलिक के रुपये के आगे किसी का ज़ोर न चल सका। न क़ानून का और दीनू के हथोड़े का। बसंती फ़सीह बिल्डिंग में आकर बसंती से मलकानी बन गयी और पीछे बीस बरस में दीनू नालों वाले दीनू से पूरा लोहार बन चुका था। सड़क के उसी किनारे पर अब उसने अपनी दुकान बना ली थी।

दीनू की दुकान के ऊपर ही सरदार सोहन सिंह रहते थे जो इसी बिल्डिंग में सूद-ब्याज का काम करते थे। उन्हें दीनू से बहुत शिकायत थी। उनकी एक शिकायत तो ये थी कि दीनू सुबह ही सुबह अपनी दुकान में लोहा कूटना शुरू कर देता है, जिसके धमाकों से नींद हराम हो जाती है। दूसरे दीनू बहुत ज़ोर से बोलता है और चिल्ला-चिल्ला कर गंदी गालियाँ बकता है। वो दीनू के ख़िलाफ़ इन शिकायतों का इज़हार बिल्डिंग के करीब हर आदमी से कर चुके थे। लेकिन उन्होंने इतनी हिम्मत कभी न की कि ख़ुद जाकर दीनू से कुछ कहें।

“अजी अब आप ही बताइये कि उसके मुँह कौन लगे। कहीं

मुझे ही गाली दे दी तो?" यहाँ आकर सरदार सोहन सिंह हर दफ़ा बात ख़त्म कर देते।

लेकिन जब एक दफ़ा दीनू ने उनके लड़के को गाली दे दी तो वाक़ई उन्हें तैश आ गया। वो दीनू पर बरस पड़े और जब कुछ ठंडे हुए तो दीनू बोला -

"सरदारजी, भला किस हरामज़ादे ने लड़के को गाली दी है। इस पालतू साले की तो ऐसी-तैसी जो इन बच्चों पर आँख भी उठाये। मैं उन्हें बिल्कुल अपने बच्चों की तरह समझता हूँ—सरदारजी।" सरदार सोहन सिंह आगे क्या कहते, लाचार खामोश हो गए।

"टन-टन-टन" गज्जू ने चलते-चलते मुड़कर देखा। घंटाघर की सूई दस बजा रही थी। उसने बच्चे की दवा जेब में डाली और क़दम तेज़ कर दिए। अचानक ही सरदार सोहन सिंह को उनकी दुकान के बाहर खड़ा देखकर ठिठक गया। उसने सोचा दूसरी पटरी से होकर गुज़र जाए लेकिन सरदारजी ने उसे देख लिया था। उसके क़दम फिर आहिस्ता हो गए।

"जय रामजी की।" गज्जू ने बिल्कुल करीब आकर हाथ जोड़े। सरदारजी ने जवाब में सिर को हल्का-सा ख़म दिया।

"गज्जू तेरी दूसरी किस्त नहीं आई?"

"अगले महीने दोनों दे दूँगा! बच्चा बीमार है।"

"अच्छा सुन, ये चारपाई जामुन के नीचे ले चल और ज़रा मिर्ज़ाजी को आवाज़ दे आ। कहना शतरंज लेकर आएँ।"

गज्जू चारपाई रखकर मिर्ज़ाजी को बुलाने चला गया।

"चल-चल, चिड़िया का बादशाह है।"

"अबे हट, मैंने ऊपर लिखा हुआ है, ये देख पान का गुलाम। नहीं तो सारे पत्ते निकाल के देख ले।"

नूरा, सोहन बाबू, कल्लन साथ की चारपाई पर ताश खेल रहे थे। पत्ता फट गया था, जिसकी जगह पतले गत्ते को काट के दूसरा पत्ता बना लिया गया था।

"ये फूल पान के नहीं, चिड़िया के हैं।"

"ये शक्ल तुझे बादशाह की नज़र आती है?"

"नहीं तेरी नज़र आती है।"

"तेरे बाप की नज़र आती है।" मोहन को तैश आ गया।

"तेरी माँ की होगी।" नूरा भी जोश में आया।

"ये तेरी उस कलूटी भंगन की होगी जिसने झाड़ू से तेरी मरम्मत की थी।" मोहन ने चोट की। नूरा पत्ते फेंक कर हट गया।

"साले ताश खेलने चले हैं।"

"अबे जा-जा, तू क्या खेलेगा।"

"नूरा अंटी जमती है?" अहमद जामुन की उस तरफ़ से चिल्लाया।

"अंटी नहीं, गुत्थी जमती हैं।"

"चलो हुई तीन-तीन की।"

"पैंतरा कर लो।"

"मैं भी पैंतरा करूँगा भई।"

कल्लन भी ताश के पत्ते छोड़कर भागा। एक आदमी कम हो गया। ताश रुक गई। मोहन के हाथ लगातार पत्ते फेंट रहे थे।

"चलो यार तीन दो पाँच खेलते हैं।" चच्चड़ ने राय दी।

"इससे तो चोर कार्ड अच्छा है।" बाबू बोला।

"नहीं यार, खेलेंगे तो रंग ही। अभी कोई आ जाता है। मालूम नहीं अभी तक, यार लौंडे आये क्यों नहीं। जोगेन्द्र का टेम तो हो गया। बस अभी आता होगा। वो इक़बाल आ रहा है। उसे बुला लो।"

चच्चड़ ने सड़क के मोड़ पर मुड़ते हुए डाकिऐ की तरफ़ इशारा किया और हाथ को हवा में लहराया। इक़बाल की नज़रें जामुन की तरफ़ ही लगी हुई थीं। उसने दूर से हाथ हिलाकर जवाब दिया।

''कहो हुजूर! क्या हो रहा है?''

''यार ताश खेल रहे थे, कल्लन भाग गया। आओ लगायें दो-दो हाथ।''

''अमाँ नहीं हुजूर, मुझे तो ये पूरा पुलंदा बाँटना है अभी।''

''आओ यार, बाँटते रहना फिर। रोज़ कब तुम वक़्त पर चिट्ठियाँ देते हो।''

''अरे नहीं हुजूर, शिकायत हो गयी तो डाक मेहकमे से बड़ा बे-आबरू होकर निकाले जाएँगे।''

''अब बैठ ना—तीन साल से किसी ने शिकायत नहीं की। आज कौन करेगा?'' मोहन ने हाथ पकड़ कर इक़बाल को चारपाई पर बिठा दिया।

''नहीं हुजूर माफ़ फ़र्माइए। मैं चल रहा हूँ।'' इक़बाल फिर उठकर खड़ा हुआ।

''बेटा, मैं ख़ूब समझता हूँ, तेरी लैला के घर का कोई लैटर आया होगा आज।''

''अजी साहब कोई चिट्ठी है हमारी।'' मिर्ज़ाजी शतरंज का मोहरा हाथ में उछालते हुए बोले।

''नहीं हुजूर। हाँ, लालाजी की एक चिट्ठी है।''

लाला लेखराज सरदार सोहन सिंह को चाल बताते-बताते खड़े हो गए।

"धत् तेरे गोरे की ऐसी-तैसी, बचाओ मिर्ज़ा।" सरदार सोहन सिंह ने मूँछों को बल देते हुए मिर्ज़ाजी की तरफ़ देखा। मिर्ज़ाजी फिर

चाल में डूब गये।

“टन...-...टन...-...टन...” और जब घंटाघर ने बारह बजाये तो जामुन के नीचे की ज़िन्दगी पूरी हरकत में आ चुकी थी। सारा दिन उस पेड़ के नीचे एक हंगामा रहता और दोपहर के वक़्त ये हंगामा अपने शबाब पर होता। बच्चे अपने-अपने स्कूलों से वापस आ कर जामुन के नीचे गोलियाँ और लंगर खेलने भाग आते। रात को ड्यूटी से तीन चार बजे वापस आने वाले मज़दूर उस वक़्त तक जाग चुके होते और खाना खाकर ताश, चौसर या शतरंज में लग जाते। फ़सीह बिल्डिंग के दूसरे लोग छाँव की ख़ातिर यहाँ आ बैठते और आपस में कहानी-क़िस्से कहते रहते और कुछ ज़्यादा उम्र के लोग एक तरफ़ बैठे सियासत में उलझे रहते।

“अजी साहब, कांग्रेस न सही मुस्लिम लीग सही, लेकिन मक़सद तो आज़ादी है।” वैदजी फ़ैसले के अन्दाज़ में कहते।

“सच्ची बात तो ये है वैदजी! सबसे पहले अंग्रेज़ों को यहाँ से निकाला जाए। हम आपस में फ़ैसला करते रहेंगे। आख़िर भाई-भाई ही तो हैं लड़-झगड़ के भी फ़ैसला कर लेंगे।” जयचन्द बात ज़रा तफ़सील में बयान करते।

“हाँ, जी आख़िर हिन्दू-मुस्लिम और सिक्ख भाई-भाई ही तो हैं।” सरदार सोहन सिंह हामी भरते।

लाला लेखराज चुपचाप बैठे सुनते रहते। अक्सर वो उठ कर चले भी जाते। वो गणेश मिल में एक ऊँचे पद पर थे। यहाँ तो वो कुछ न बोलते लेकिन मज़दूरों के बीच वो अक्सर कहते सुने जाते–

“भई अगर आज़ादी मिली तो गाँधीजी ही लेकर देंगे और गाँधीजी अंग्रेजों से बिगाड़ कर के आज़ादी नहीं लेना चाहते, आख़िर अंग्रेज़ों

की हुकूमत है, अगर वो चाहें तो इन सबको ख़त्म करा सकते हैं, जो इनके ख़िलाफ़ बातें करते हैं। लेकिन वो कुछ नहीं कहते। फिर भी सबको रोटी-कपड़ा देते हैं। रहने को मकान देते हैं। आख़िर क्या बुराई है इनमें! अगर वो चाहें तो क्या जवाहरलाल और गाँधी को मरवा नहीं सकते? लेकिन अंग्रेज़ अच्छे आदमी की हमेशा कद्र करते हैं।" और ये सियासी गुफ़्तगू हमेशा एक-दो लफ़्ज़ों के गिर्द घूमती रहती। जिसमें हक़ीकत कम और जज़्बात ज़्यादा होते। फिर ये बहसें अलग-अलग शक्लें ले लेतीं।

सरदार सोहन सिंह और मिर्ज़ाजी की फ़ौज़ें जामुन की ठंडी छाँव में, चारपाई पर चढ़के लड़ती रहतीं। जब बादशाह को शह मिलती तो वो शह गोरे के नाम मनसूब की जाती। वज़ीर चलता तो पंडित नेहरू चल पड़ते। घोड़ा चलता तो सरदार पटेल, हाथी के साथ जिन्ना हरकत में आ जाते। अलबत्ता इस शतरंज में गाँधीजी न होते क्योंकि ये जंग थी गोरे को मारने की और जंग में अहिंसा का पालन नहीं हो सकता। इसके बावजूद गाँधीवादी लोगों की इस जंग में तादाद ज़्यादा थी। जो जदीद हथियारों के बग़ैर थके माँदे, आहिस्ता-आहिस्ता, एक-एक घर, पियादों के साथ चलते रहते।

रात की ड्यूटी पर जाने वाले मज़दूर ताश और चौसर में मगन रहते। ताश की बाज़ी ख़त्म होती। दोबारा पत्ते फेंटे जाते। चंद मिनट के लिए मक्खियों की भनभनाहट पैदा हो जाती। एक कहता -

"तुम अगर चिड़ी का छक्का न लगाते तो एक और सिर बन जाती।"

"दरअसल एक ग़लती तुम्हारी है। तुम्हें एक रंग पहले निकलवा लेना था।"

"अरे बच गये तुम। एक गला और होता तो सीधा कोट था।"

अचानक एक बुलंद आवाज़ फ़िक्रा पास की महफ़िल से उठता और उनकी सारी गुफ़्तगू को काटता हुआ गुज़र जाता।

"धत् तेरी की! साली फिर विस्सर आ पड़ी।" बिशना दीवान से कौड़िया समेटते हुए बोलता।

"कोई बात नहीं पट्ठे, अबकी बार देखना पासा।"

निक्का, वीरा और शौक़ी जामुन पर चढ़ते। पान वाले लाला के छोबे पर लंगर लटकाये रखते और तीनों मिल कर ऊँची आवाज़ में गाते रहते—"लाले की छबड़ी पर लाई लंगर।" और लाला अपने छाबे पर बैठा ऊँघता रहता। कभी-कभी लंगर ज़्यादा ढीला हो जाता तो सीधा लाला की गंजी टाट पर जाकर लगता। लाला झट से चौंक कर उठ बैठता।

"जी बनारसी लगाऊँ?"

बच्चे खिलखिला कर फिर गाने लगते—"लाले की खोपड़ी पर लाई लंगर।"

अहमद, कल्लन, शिब्बू वग़ैरा अपनी गुत्थी और अंटी में मस्त रहते।

"मेरा बंटा दे ज़रा।"

"पैंतरा पीछे से कर बे।"

और ये पैंतरे का, बंटे का सिलसिला दिन-भर चलता रहता। दिन में कई-कई दफ़ा जामुन के सामने वाली सीढ़ियों पर से एक पतली-सी चीखती आवाज़ निकलती और सड़क के एक कोने से दूसरे कोने तक फैल जाती।

"जा...र्जी...ई...ई"

"यहीं हूँ मम्मा।" जार्ज वहीं से चिल्लाता।

बाबू खेल से चौंक कर सीढ़ियों की तरफ़ देखता और सब की नज़र बचाकर अपनी दायीं आँख दाग़ देता। फ्लोरा मुस्कुराती हुई अन्दर चली जाती।

एक कोने में मलिक चारपाई पर पड़ा रहता। और मलकानी दिन भर पास बैठी उसकी सेवा करती रहतीं। बोस बाबू की छोटी लड़कियाँ दिन-भर लोचन के पीछे पड़ी रहतीं।

"लोचे दाल-भात खाबे, लोचे।"

कभी-कभी दीनू भट्ठी की गर्मी से तंग आकर हुक्का उठाये हुए लुंगी से नाक पोंछता हुआ जामुन के नीचे आ बैठता, और गालियों का झरना फूट पड़ता। कुछ बच्चे कपड़ा बेचने वाले चीनी आदमी को घेरे हुए उसे तंग करते रहते।

"चीनी मामा चूँ-चूँ, चीनी मामा चूँ-चूँ।"

बिहारी जामुन की सबसे ऊंची टहनी पर चढ़ा फ़िल्मी गाने गाता—

"पीना पीलाना भूल गयी—इक शहर की लौंडिया...!"

और फिर शाम होते-होते ये हंगामा कुछ कम होने लगता। दिन भर के खेल से थके हुए बच्चे घरों को लौट जाते। शतरंज और चौसर का हंगामा होते-होते ख़त्म हो जाता। अम्मा अपना छाबा समेटने लगती। मन्दिर की घंटियों का टूटता जुड़ता हुआ सिलसिला फ़िज़ा पर भारी होने लगता। जामुन के पेड़ पर एक बेनाम-सी उदासी फैलने लगती। पत्तों के मुँह लटक जाते। जैसे ये ख़ामोशी उन्हें पसन्द न हो। जामुन की लम्बी मज़बूत टहनियाँ एक शफ़ीक़ बाप की तरह दोनों बिल्डिंगों पर हाथ रखे रहतीं। जामुन का ये पेड़ जो इस इलाक़े की सारी ज़िन्दगी का मर्कज़ था, जिसकी गोद में पल कर बेशुमार बच्चे जवान हुए थे। जिसके साये में बूढ़े ज़िन्दगी का कठिन सफ़र तय कर के, थक

कर सुस्ता रहे थे। जामुन का ये पेड़ जो आज भी हज़ारों राज़ अपने सीने से लगाये गंभीर खड़ा था—एक ज़िम्मेदार बाप की तरह दोनों बिल्डिंगों के सिर पर हाथ रखे रात भर उनकी निगरानी में बेदार इस इन्तज़ार में कि कब सुबह हो और वो अपने बच्चों को फिर अपनी गोद में आराम से ले ले।

1947 आया तो गोरे को ऐसी शह मिली कि फिर मात होते ही बनी।

लेकिन ये शह मिर्ज़ाजी और सोहन सिंह को आपस में लड़ा गयी। फ़िर्क़ावाराना दंगे शुरू हो गये। सदर बाज़ार, पहाड़ गंज से होती हुई आग सब्ज़ी मंडी तक आ पहुँची। जामुन की एक टहनी पर मुस्लिम लीगी झंडा लग गया और दूसरी पर तिरंगा। और फिर दोनों झंडे इस ज़ोर के साथ टकराये कि टहनियों समेत नीचे आ पड़े। शफ़ीक़ बाप के दोनों हाथ कट गये। फिर बेटों ने वहशियों की तरह एक दूसरे के सीने में अपने नाख़ून गाड़ दिए। ख़ून की धारें उछल उछल कर बाप के मुँह पर पड़ती रहीं।

बेटों के ख़ौफ़नाक क़हक़हे बुलंद होते गये।

घरों में लूट मार शुरू हो गयी। दीनू की लाश उठाकर जामुन के नीचे फेंक दी गयी। एक ने कहा : "ये मुसलमान है।" दूसरे ने कहा : "इसे जला दो ताकि सीधा नर्क में जाए।" तीसरे ने जामुन की टहनियाँ काट कर उसपर डालना शुरू कर दीं। चौथे ने उसके घर का सामान उसपर फेंकना शुरू कर दिया। एक टीन का डब्बा लाश के सीने पे आकर पड़ा और लुढ़क गया, उसमें से सारे कंचे निकल कर सड़क पर बिखर गये।

सबने एक बुलंद कहकहा लगाया और फिर कोई अहमद की

लाश को टाँग से पकड़ कर जलती हुई चिता पर फेंक ही रहा था कि अचानक रुक गया। सब इकट्ठे हुए।

"ये क्या हुआ?"

"ये तो निक्का है।"

एक ने कहा : "इसको जल्लदी जला दो ताकि सोहन सिंह को मालूम न हो।"

दूसरे ने कहा : "हरफूल बस्ती वालों ने अपनी तरफ़ की टहनियाँ काट कर दो और लाशें जला दीं।"

लाशें जलती रहीं और जामुन की टहनियाँ कटती गयीं। लोगों के क़हक़हे बुलंद हो गयी और गोरे को मात हो गयी।

मेज़ के ऊपर–मेज़ के नीचे

डाईस पर धीमे-धीमे फ़ॉक्स ट्राट की धुन बज रही थी। और मौसीक़ी के उड़ते हुए हलके-हलके गुलाल में जोलीन के नीम बर्हना ख़तूत ख़म-ब-ख़म लहा रहे थे। हम उनके बिल्कुल कोने वाली मेज़ पर पहुँच गये। जहाँ दो शख़्स पहले से हमारा इन्तज़ार कर रहे थे। सुन्दर को देखकर वो मुस्कराये, उनके होंठ फैले और फिर जैसे ही सुन्दर के साथ मुझे देखा कुछ संजीदा हो गये।

उन्होंने दोबारा सुन्दर की तरफ़ देखा। जैसे कह रहे हों–

"ये लीमू कहाँ से ले आये यार?"

सुन्दर समझ गया, वो मेरा ता'रूफ़ कराने लगा।

"आप मेरे बड़े पुराने और अज़ीज़..."

सामने बैरा खड़ा था। सुन्दर रुक गया। दोनों शख़्स की नज़रें बैरे और सुन्दर के दर्मियान पेंडुलम की तरह झूल रही थीं।

"चार सोडा और चार कोका-कोला लाओ।"

बैरा आर्डर लेकर चला गया।

वो दोनों अभी तक सुन्दर की तरफ़ सवालिया निगाहों से देख रहे थे। दोनों के सवाल उनकी आँखों में काँप रहे थे।

"ये कौन हैं? और वो लाए हो?" सुन्दर ने दूसरे सवाल का जवाब पहले दिया। उसने जेब से व्हिस्की की बोतल निकाली और मेज़ के नीचे रख दी। कँपकँपाती हुई एक आँख थम गयी और दूसरी मद्धम पड़ गयी।

मेरे सामने बैठे हुए चैटरजी साहब ज़रा सोचने के बाद बोले :

"सुन्दर आज तो जोलीन है!"

"अच्छा!" सुन्दर ने पलट कर देखा। डाईस पर उड़ते हुए गुलाल में कुछ नीम बर्हना ख़तूत अभी तक लहरा रहे थे।

दूसरे साहब जिनके चेहरे पर सोने के दाँत बहुत नुमायाँ था, बोले :

"अबके अमावस कुछ लम्बी रही मालूम होता है।"

मैं देख रहा था कि मेरी मौजूदगी बड़ी शिद्दत से उनके एहसास पर हावी है। ऐसे गोल मोल अन्दाज़ में बातें कर रहे थे जैसे साबुन की झाग के गुबारे उड़ रहे हों।

इतने में बैरा आ गया।

मेज़ के ऊपर खुली हुई कोका-कोला की चार बोतलें पड़ी थीं। मेज़ के नीचे व्हिस्की की बोतलें म-अपने साज़ो सामान के निकल रही थीं।

सुन्दर ने व्हिस्की खोली। चारों गिलासों में चार पेग तैयार किए और एक-एक गिलास सब को थमा दिया। बिना इरादा ही हम सबने अपने इर्दगिर्द देखा। ऐसा लगा कि सब जैसे चौकन्ने हो गये हों। एक अजीब सी ख़ामोशी थी जो हमारे दर्मियान आ कर खड़ी हो गयी थी। ख़ामोशी के इस हलके हलके धुँधलके में से हर आदमी एक दूसरे को पहचानने की कोशिश कर रहा था। एक दूसरे को जानने की कोशिश कर रहा था। कुछ शर्माया-शर्माया, कुछ झेंपा-झेंपा सा। जैसे शराब का गिलास हाथ में लेते ही उनके चेहरे से कोई झिल्ली फिसलनी शुरू हो गयी हो।

हमने नये साल का टोस्ट लिया। और घूँट हलक़ से नीचे उतारने लगे। डाईस पर पियानो अपनी धुनें बिखेर रहा था। लॉन में शोर बढ़ता जा रहा था और रक़्स करते हुए जोड़ों की तादाद काफ़ी बढ़ गयी थी।

"सुन्दर तुमने अभी तक आपसे ता'रूफ़ नहीं कराया।"

"जी आप मेरे बड़े पुराने और अज़ीज़" यकदम बत्तियाँ बुझ गईं। मौसीक़ी बंद हो गई। अन्धेरे में न जाने कितने होंट एक दूसरे से पेवस्त हो गए। और कितनी ही साँसें एक दूसरे में घुल मिल गई। नाचते हुए क़दम रुक गए। कँपकँपाते हुए जिस्म ठहर गये। एक पड़ाव आ गया था। एक मंज़िल आ गयी थी। और बत्तियाँ जल गयीं। रौशनी में कई सफ़ेद कॉलरों पर लिपस्टिक से बने हुए सुर्ख़ होंटों के निशान चमक रहे थे।

हमने एक दूसरे की तरफ़ ग़ौर से देखा। चारों के चारों गिलास अन्धेरे में मेज़ पर आ गये थे। मैंने गिलास मेज़ से उठाना चाहा तो सुन्दर बोल पड़ा।

"रहने दो यार क्या फ़र्क़ पड़ता है?"

"भई पहला ख़त्म करो जल्दी से।" कहा और चैटरजी ग़टा-ग़ट गिलास चढ़ा गये।

"चलो यार उठाओ गिलास।" सुन्दर ने पैरवी की। जूँ जूँ नशा चढ़ रहा था सबके गले खुलते जा रहे थे। आवाज़ साफ़ होती जा रही थी। लॉन में भीड़ थी और डाईस पर उड़ते हुए गुलाल का रंग गहरा होता जा रहा था।

चारों गिलासों में व्हिस्की डालने के बाद सुन्दर ने गिलासों में सोडा डाला और सोडे की बोतलें मेज़ पर रख दीं।

"इन्हें हटाओ सालों को।" सोने की दाँत वाले साहब ने

कोका-कोला की बोतलें उठा कर नीचे रख दीं। शराब का दूसरा दौर शुरू हुआ।

"सुन्दर! गोपाल का क्या हुआ?"

"कौन गोपाल?"

"गोपाल ऑफ़ जोलीन फ़ेम।"

"ओह!" सुन्दर ने पलट कर डाईस की तरफ़ देखा। जोलीन पियानो का सहारा लिए खड़ी थी। "होना क्या था। पचास साठ हज़ार की चपत लग गई, एक तो नई कार ले दी और वार्डन रोड पर फ़्लेट ले दिया फिर दो महीने में ये जो ख़र्चा कर के आयी होगी वो भी सोच सकते हो तुम।"

"लेकिन अब इस लड़की में रह भी क्या गया है। बिल्कुल ढलक गयी है।"

"ये तो है यार पिलपिली लड़की में मज़ा नहीं आता।"

"अरे तुम्हारी वो घाटन, क़सम ख़ुदा की, है या नहीं?"

"ज़रा सब्र कर। तुम्हारा भी सिलसिला कराता हूँ। जा लेने दे अपनी भाभी को मायके।"

"कब जा रही हैं भाभी?"

"बच्चों की छुट्टियाँ हो जाए स्कूल से।"

"बच्चों के साथ तो फिर अपनी..."

"देख बे आया बच्चों के लिए रखी है मैंने तेरे लिए नहीं।"

"वो रोमा के ऑपरेशन का क्या हुआ पटेल।" सोने के दाँत वाले का नाम पटेल था।

"ऑपरेशन तो हो गया लेकिन उसके शौहर को मालूम हो गया है।"

"कैसे? वो तो अभी तक लन्दन में है। और फिर बच्चा भी तो उस डॉक्टर का ही था ना।"

"डॉक्टर के बहनोई ने बता दिया साले ने! उसे डॉक्टर पर शक था यू नो!!"

चैटरजी इस ज़ोर से क़हक़हा मार के हँसे कि उनकी थिरकती हुई तोंद देख कर मुझे भी हँसी आ गयी।

"क्यों भई क्या हुआ?"

"कुछ नहीं, कुछ नहीं!"

"बोलो तो सही।"

"रे ये सिलसिले तो यूँ ही एक दूसरे के घर से होके गुज़रते हे। किसी की बहन, किसी की बीवी। वो जो बेजू है ना, जौकी! डॉक्टर की अपनी बहन तो उसके साथ जाती है।"

पटेल ने मेज़ के नीचे से बोतल उठाई और चैटरजी की तरफ़ देखकर इस ज़ोर से हँसा कि अबके चैटरजी झेंप गये। उन्होंने ऐनक के पीछे से सटपटाई नज़रों से हम दोनों की तरफ़ देखा। जैसे हमने उनकी बीवी का दामन पकड़ लिया हो।

"उस बेजू साले ने तो मरवाया पिछली रेस में।"

"हमें भी तो उसी ने मरवाया, ऐन पोल के पास आकर घोड़ा खैंच लिया हरामज़ादे ने।" सुन्दर ने दाँत पीसते हुए कहा।

"सुना है महाराजा ऑफ़ धोपिया से डेढ़ लाख रुपिया कमाया उसने।"

"लेकिन सलाम ने अच्छा भाव दिया।"

"सलाम इस दफ़ा फिर जीतेगा। बता दूँ तुम्हें, बड़ा शेर टाइप है।"

"घोड़े का क्या भरोसा है यार।"

"नहीं घोड़ों पर तो पूरा भरोसा है। साले जोकियों का कोई ईमान नहीं है।"

शराब का तीसरा दौर शुरू हो गया था। मेज़ उलट गयी थी। अब व्हिस्की की बोतल म-अपने साज़ो सामान के मेज़ के ऊपर सजी हुई थी। और कोका-कोला की चारों बोतलें मेज़ के नीचे पड़ी थीं।

"हिन्दुस्तान में डिक्टेटर शिप ही होनी चाहिए। उसके बग़ैर गुज़ारा नहीं।"

"ये डिक्टेटर शिप तो चल रही है। जो पंडितजी ने कह दिया सो हो गया। मुरारजी इलेक्शन हारने के बाद भी बम्बई में जमा हुआ है।"

"हम लोग कुछ कर भी नहीं सकते, हाई कमांड के डर से।"

"कुछ भी हो, अपन को क्या?" सुन्दर ने बम्बई के मख़सूस लहजे में कहा और मेज़ से बोतल उठा कर अपना पेग बना डाला।

बैरे ने दो और सोडे की बोतलें लाकर मेज़ पर रख दीं। डाईस पर रोकन रोल की धुन पूरे शबाब पर थी। पटेल माचिस से मेज़ पर ताल दे रहा था। पास की मेज़ पर शायद लतीफ़े चल रहे थे। उन क़हक़हों के साथ जैसे सारा लॉन हिल रहा था।

"कुछ भी हो यार, जोलीन में अभी बहुत दम ख़म है।"

जोलीन अपने नीम बर्हना लिबास में रोकन रोल की धुन पर नाच रही थी।

शराब का नशा पूरी बलंदी पर पहुँच चुका था। क्लब की बिल्डिंग मॅ'मारों ने ज़रूर तिरछी बनाई थी। सलाम बड़ी तेज़ी से पोल की तरफ़ भाग रहा था। रमी के नम्बर पारे की तेज़ी से एक तरफ़ से ऊपर चढ़ रहे थे। दूसरी तरफ़ दानों की तरह नीचे गिरते जा रहे थे। कोई चैटरजी की बीवी का दामन खैंच रहा था। बेजू डॉक्टर की बहन के

घोड़े पर लिए राजा जयचंदर का क़िला फलाँग गया। पटेल हँस रहा था। उसका सोने का दाँत चैटरजी का मुँह चिड़ा रहा था। सलाम पोल से गुज़र कर सारे रेस-कोर्स में उड़ानें लगाने लगा। डॉक्टर का बहनोई रूमा के शहर से चुग़ली कर रहा था। चैटरजी के क़हक़हे ज़ोर ज़ोर से पियानो पर बज रहे थे। रूमा का ऑपरेशन हो रहा था। सफ़ेद कॉलरों पर होंटों के सुर्ख़ निशान मुस्करा रहे थे।

अचानक चैटरजी ने रुक कर कहा : ''इन्स्पेक्टर डिसोज़ा आया है।'' सब की आवाज़ों में सगशी के जाले उलझ गये। कान जैसे मौसीक़ी से बहरे हो गए। हाथों में थिरकती हुई माचिस थम गयी। और डिसोज़ा आहिस्ता आहिस्ता चलता हमारी मेज़ तक आ ही पहुँचा। ख़ौफ़ के एक ही हथौड़े ने सारा नशा हरन कर दिया। सब उठकर बड़े तपाक से डिसोज़ा से मिले। सुन्दर ने मेरा ता'रूफ़ कराया।

''आप से मिलिये। आप मेरे बड़े पुराने और अज़ीज़ दोस्त हैं। मिस्टर टंडन हाल ही में मेहकमा-ए-शराब बंदी में आपकी तब्दीली हुई है।''

मैंने जल्दी से मेज़ की तरफ़ देखा। मेज़ उलट चुकी थी। मेज़ के ऊपर अब खुली हुई कोका-कोला की चार बोतलें पड़ी थीं और मेज़ के नीचे व्हिस्की की बोतल म-साज़ो सामान के दुबकी बैठी थी।

***